VIE

DE

SAINT MAXIMIN

DÉDIÉE

AUX PÈLERINS FRANÇAIS

QUI VIENNENT VISITER LA CHAPELLE

DE SAINT MAXIMIN

DANS L'ÉGLISE PAROISSIALE DE GUÉMAR.

Prix 10 centimes.

COLMAR,

Imp. de Ch.-M Hoffmann, imp. de la préfecture.

1866.

VIE DE SAINT MAXIMIN.

Saint Maximin naquit à Poitiers, ville située en France. Dans ces temps-là, notre patrie portait le nom de Gaule. Ses parents étaient d'origine noble et possédaient de grandes richesses. Il avait trois frères, nommés Maxime, Jovin et Maxence, et une sœur appelée Maxima, que l'Église vénère comme une sainte. Maxence devint plus tard évêque de Poitiers.

Dans sa première jeunesse, saint Maximin se rendit à Trèves, pour s'y former à la vertu et à la science théologique, sous la direction de S. Agricius, alors évêque de cette ville. La sainteté et les vertus d'Agricius étaient en si grand renom, qu'il passait, de son temps, pour le modèle le plus accompli de la vie chrétienne.

Agricius, remarquant dans son disciple du goût pour l'état ecclésiastique, l'y prépara avec soin et l'ordonna ensuite prêtre. La grâce du Saint-Esprit ne demeura pas stérile dans le cœur du jeune ministre de Dieu ; il s'appliqua, par l'exercice des vertus qui convenaient à son saint état, à se rendre digne de sa belle vocation, et à atteindre le sommet de la perfection sacerdotale. Agricius vit ces efforts avec une sainte joie ; il conçut de grandes espérances de son jeune disciple, et il le destina à lui succéder sur le siége épiscopal de Trèves. Une double apparition vint le confirmer dans son choix. Un saint prêtre de Trèves, nommé Quirinus, avait coutume de passer des nuits entières dans la prière. Un soir que, comme d'habitude, il était en oraison, dans l'église de saint Euchère, un ange lui apparut et lui ordonna d'annoncer à son confrère Maximin, qu'il devait se préparer à la charge épiscopale, pour remplacer Agricius qui allait bientôt quitter cette terre.

Dans la même nuit, Agricius eut la même vision. Sans perdre de temps, il rassembla son clergé et lui enjoignit de reconnaître S. Maximin pour son successeur. Peu de semaines après il mourut, en l'an 332, et S. Maximin monta sur le siége épiscopal de Trèves.

A la même époque, une terrible hérésie ravageait l'Église du Christ. Dès l'an 319, Arius, prêtre d'Alexandrie, avait commencé d'enseigner que Jésus, notre Rédempteur, n'était pas véritablement Dieu, mais simplement homme. Cette doctrine impie, il la prêcha publiquement, et il se fit, par son éloquence et son hypocrisie, un grand nombre d'adeptes, parmi lesquels on comptait même des évêques. Plusieurs conciles furent tenus contre lui ; le plus célèbre fut le concile général de Nicée (325).

Plus de trois cents évêques se réunirent dans cette ville ; la plupart d'entre eux portaient encore, sur leurs corps, les traces des tortures qu'ils avaient souffertes dans la dernière persécution, pour la défense de leur foi. Ces saints prélats examinèrent la doctrine d'Arius ; ils la déclarèrent fausse, opposée à celle de l'Évangile et des apôtres, et frappèrent d'excommunication Arius, parce qu'il ne voulut pas rétracter son erreur.

Cette condamnation solennelle n'arrêta néanmoins pas les progrès de l'hérésie ; comme toutes les erreurs, elle chercha et trouva l'appui des empereurs romains. Les évêques, de leur côté, redoublèrent de zèle pour maintenir intacte la pureté de la croyance de l'Église du Christ.

Dans cette lutte de la véritable foi contre l'erreur, S. Maximin se distingua d'une manière particulière.

Le plus grand défenseur de la divinité de
Jésus-Christ et le plus redoutable adversaire
des Ariens fut l'illustre évêque d'Alexandrie,
S. Athanase. En 335, ce grand saint fut obligé
de quitter son siége pour l'exil, par ordre d'une
assemblée d'évêques ariens. Il se rendit à Trèves
chez S. Maximin, qui le reçut avec les plus
grands honneurs, et le logea dans son palais
épiscopal, jusqu'à ce qu'il pût retourner dans
son diocèse. Bientôt une sainte amitié lia ces
deux nobles athlètes de la foi chrétienne ; ils
s'opposèrent ensemble, avec zèle et courage,
aux attaques et aux ruses des Ariens.

S. Athanase passa deux années à Trèves.
La société de S. Maximin avait laissé une si
bonne et si profonde impression dans son sou-
venir, qu'il parle de lui fréquemment, dans ses
écrits, en termes très-élogieux, et le dépeint
comme un modèle de vigilance pastorale et de
fermeté évangélique. Il fait mention de plusieurs miracles que S. Maximin avait opérés
sous ses yeux. Il semble qu'il était dans les
desseins de Dieu de manifester la divinité de
son Fils, surtout par le don des miracles qu'il
accordait à plusieurs défenseurs de la divinité
de Jésus-Christ, afin qu'ils pussent, de leur
vivant déjà, constater par des prodiges la vé-
rité du dogme qu'ils défendaient.

Plusieurs historiens chrétiens ont reconnu à S. Maximin le pouvoir de faire des miracles. Outre S. Athanase, on peut citer S. Jérôme, le martyrologe romain, tous les historiens de sa vie, qui disent unanimement qu'il guérissait souvent des boiteux, des aveugles, des paralytiques, et toutes sortes de malades. Bientôt après, S. Maximin trouva une nouvelle occasion de faire preuve de son zèle pour le maintien de l'intégrité de la foi catholique touchant le dogme de la divinité de Jésus-Christ. En 346, il assista au concile de Milan, et l'année suivante, après avoir pris l'avis du pape Jules Ier et d'Osius, évêque de Cordoue, il résolut d'adresser une supplique aux empereurs romains, auprès desquels il jouissait d'un grand crédit, pour les prier de réunir, à Sardes, les évêques de l'Orient et de l'Occident afin que, par leur entente, il fût mis fin à la désunion qui régnait entre les catholiques et les Ariens. La supplique de S. Maximin fut en effet exaucée par les empereurs, et cent soixante et dix évêques s'assemblèrent à Sardes ; mais il n'y eut pas moyen de décider les Ariens à se soumettre à la doctrine de l'Eglise catholique. S. Maximin fut un des plus fermes et des plus intrépides champions de notre foi, telle qu'elle avait déjà été fixée par le concile de Nicée.

Il protesta aussi énergiquement contre les persécutions et les violences que les Ariens exerçaient contre les évêques catholiques. Lui-même ne fut pas exempt de leurs vexations : car ils l'avaient excommunié avec S. Athanase, et ils mirent en œuvre toutes leurs ruses et leurs méchancetés pour l'expulser de son siége épiscopal. Mais sa réputation de sainteté était trop bien établie pour que la haine de ses ennemis pût lui porter atteinte.

Les empereurs romains se laissèrent trop souvent séduire par l'hypocrisie et l'astuce des Ariens ; trop souvent ils abusèrent de leur pouvoir pour persécuter des évêques catholiques, et les exiler de leurs siéges. Nous avons déjà vu que S. Athanase fut une des victimes de leur faux zèle ; nous en voyons une autre dans S. Paul, évêque de Constantinople. Ce saint homme, après avoir été expulsé de sa ville épiscopale, par l'empereur Constance, se rendit à Trèves, comme l'avait fait S. Athanase ; il trouva à son tour auprès de S. Maximin une réception et une hospitalité amicales, une protection et un appui courageux. Notre saint fut toujours prêt à entrer en lice pour sa sainte foi, à épouser la cause de ses défenseurs persécutés, sans compter avec le respect humain ni avec la peur.

S. Maximin eut le bonheur de convaincre l'empereur Constant de la fausseté et de l'astuce des Ariens et de le gagner à la cause catholique. Après ce triomphe, il entreprit le voyage de Poitiers pour visiter sa famille. Ce fut pendant ce voyage qu'il mourut dans sa ville natale, au sein même de sa famille, mais loin de son cher troupeau qu'il avait protégé, avec un zèle infatigable, contre les attaques de l'erreur, et qu'il avait su conserver dans la véritable foi. Il arriva au terme de sa vie, pleine de mérites, le 12 septembre de l'année 349. La nouvelle de sa mort fut à peine connue à Trèves que les habitants de cette ville envoyèrent des députés à Poitiers, pour réclamer le corps de leur saint évêque et pour le ramener dans sa ville épiscopale.

Les habitants de Poitiers connaissant le haut degré de sainteté de Maximin, ne voulurent d'abord pas consentir à l'abandon d'un si précieux trésor, d'autant plus que ce saint était leur compatriote; mais les députés surent si bien gagner leurs bonnes grâces, qu'ils obtinrent enfin l'objet de leur demande, et ils se hâtèrent de transporter le saint corps chez eux. Lorsqu'ils approchaient de la ville de Trèves, ils furent reçus par S. Paulin, successeur de

S. Maximin, par le clergé et les principaux citoyens de la ville qui étaient au devant d'eux. L'arrivée du saint corps leur causa une indicible consolation ; ils l'accompagnèrent processionnellement à l'église de l'apôtre S. Jean, où il fut inhumé le 29 mai de l'année 350. Voilà la raison pour laquelle on célèbre sa fête ce jour, quoique sa mort soit arrivée le 12 septembre.

Ces événements et ces traits de la vie publique de S. Maximin nous sont racontés par des historiens des temps où il vécut. Si nous voulions ôter le voile qui cache sa vie privée, que de vertus, que de saintes œuvres ne découvririons-nous pas ! Nous aurions à admirer son humilité, sa grande abnégation, son brûlant amour pour Dieu et pour le prochain, sa vigilance sur lui-même et sur son troupeau, son zèle pour la gloire de Dieu et pour l'exaltation de l'Eglise. Ce sont ces vertus que S. Athanase loue en lui, et qui l'ont élevé à ce haut degré de sainteté auquel il est parvenu.

Honorons donc ce grand saint, et rappelons-nous que nous ne saurions mieux vénérer sa mémoire qu'en nous proposant sa vie comme un modèle à imiter, surtout en ce qui concerne la foi que nous devons, comme lui, défendre vigoureusement jusqu'au terme de notre vie.

Une abbaye se trouvait autrefois tout près de la ville de Trèves ; elle portait le nom d'abbaye de Saint Maximin. En 667, Hidulphe, évêque de Trèves, fit transporter les reliques de S. Maximin dans cette église abbatiale, où elles furent vénérées jusqu'à l'époque de l'invasion des Normands qui détruisirent et saccagèrent toute la ville de Trèves.

Après la retraite de ces barbares, l'église et l'abbaye furent relevées. On découvrit sous les ruines de l'ancienne église les reliques du saint qui étaient demeurées intactes. Cette seconde église fut détruite plus tard, dans une guerre, par les Français, mais elle fut relevée immédiatement après en 1680. La plus grande partie des reliques de S. Maximin se trouve actuellement encore à Trèves. Quelques parties de son saint corps furent envoyées en diverses villes, comme à Prague, à Cologne en Allemagne, à Sens en France.

Une vie détaillée de S. Maximin fut écrite par Kupus, historien très-ancien. S. Jérôme et S. Athanase parlent fréquemment de notre saint dans leurs écrits. Mais l'histoire la plus complète et la plus véridique de sa vie fut écrite par un moine du couvent de Saint Maximin, à Trèves, nommé Siegehardt, qui la composa en

960, par ordre de son supérieur, l'abbé Wicker. Cette histoire se trouve dans le célèbre ouvrage des Bollandistes (mois de mai).

Siegehardt dit que de temps immémorial les habitants de Trèves et des environs avaient une très-grande dévotion envers S. Maximin, et qu'ils cherchaient près de lui aide et consolation dans leurs tribulations.

Il fait aussi mention de plusieurs miracles opérés par l'intercession de ce saint.

Une femme nommée Rodéréa était paralysée d'un pied ; elle se rendit sur la tombe de S. Maximin pour y prier, et fut guérie instantanément.

Charles Martel, le célèbre vainqueur des Sarrasins, était tourmenté d'une fièvre violente qui résistait à tous les remèdes alors connus. Il fit un pèlerinage à Trèves, et recouvra pareillement la santé sur le tombeau de S. Maximin. Il témoigna sa reconnaissance pour ce bienfait insigne, en dotant richement l'église et l'abbaye de ce saint.

Richwin, moine de cette abbaye, célébrait un jour le saint sacrifice de la messe. A l'autel il fut frappé d'une maladie si grave qu'il fut privé de l'usage de tous ses sens. L'abbé Willère, supérieur de l'abbaye, accourut à la nouvelle de cet accident, et animé d'une foi vive et d'une grande confiance, il prit l'étole ainsi que l'habit épiscopal que portait S. Maximin, et les mit sur le corps de Richwin qui guérit sur le champ.

Ce même abbé Willère avait une si grande confiance dans la protection de S. Maximin, que, dans une maladie, dans laquelle il souffrait de grandes douleurs, il ne voulait avoir recours qu'au saint patron de son abbaye. Malgré la faiblesse de son corps infirme, il s'efforça de se rendre sur le tombeau du saint qui était dans l'église abbatiale, pour demander sa guérison par son intercession; mais ne pouvant pas se tenir debout et ne voulant pas se laisser porter, il s'y traina à l'aide de ses mains et de ses pieds. Sa grande confiance fut récompensée, car sa guérison fut instantanée.

Sigehardt raconte encore d'autres guérisons miraculeuses, et il termine par ces mots : «Parmi le grand nombre de miracles opérés par notre saint, nous nous en tiendrons aux exemples que nous venons de citer ; car il ne nous serait pas possible de raconter tous ceux que Dieu a daigné et qu'il daigne encore opérer tous les jours par l'intercession de S. Maximin.

La foule de chrétiens de l'Alsace et des contrées avoisinantes qui vient visiter la chapelle de S. Maximin dans l'église paroissiale de Guémar, la dévotion que montrent ces pieux pèlerins, les ex-voto, les béquilles et les autres insignes dont ils couvrent les murs de la chapelle dans leur reconnaissance, sont un témoignage continuel que l'on n'implore pas en vain le secours de S. Maximin, et que son intercession est puissante auprès de Dieu. Les habitants de Guémar le considèrent, pour cette raison, comme leur patron, et bien des exemples que l'on pourrait citer, prouvent qu'ils ne l'implorent pas en vain. Voilà comme Dieu glorifie ses saints et récompense souvent la confiance que nous mettons en ses élus, malgré les railleries de l'hérésie et de l'incrédulité. Que cette confiance anime toujours nos cœurs, et qu'elle nous porte à honorer notre saint patron non seulement par des paroles et par des exercices de piété, mais surtout par des bonnes œuvres et par l'imitation de ses vertus !

HISTORIQUE

DU PÈLERINAGE DE GUÉMAR,

en l'honneur

de SAINT MAXIMIN.

Il y avait autrefois entre Guémar et Bergheim, une chapelle appelée chapelle de S. Smasmann et dédiée à S. Maximin. Elle était en grande réputation, à cause du grand nombre de pèlerins qui la visitaient et des guérisons miraculeuses qu'on y obtenait. L'origine de cette pieuse fondation remonte jusqu'au milieu du moyen âge D'après une tradition généralement répandue, cette chapelle devrait son existence à un seigneur de la maison princière de Ribeauvillé qui l'aurait fait ériger en 1484, après son retour d'un pèlerinage en Terre-Sainte. La célèbre maison de Ribeauvillé a réellement fondé le pèlerinage en l'honneur de S. Maximin, près de Guémar ; mais l'époque de cette fondation est de beaucoup antérieure à l'année 1484 : car les annales de cette famille seigneuriale font déjà mention de ce pèlerinage dès l'an 1473. On lit aussi dans les archives de

Ribeauvillé que la chapelle entre Guémar et Bergheim existait déjà au treizième siècle. Il paraît que la construction de ce sanctuaire fut commencée en 1260, car ce millésime était gravé sur l'arc en pierres de taille de la grande porte d'entrée; mais il est probable qu'il fut seulement achevé et consacré en 1262, vu que cette dernière date se trouve dans les archives déjà citées. Ces deux dates, inscrites en divers lieux et sur différents objets, ne laissent plus de place au plus léger doute concernant la haute antiquité de la chapelle, et confirment l'opinion qui attribue sa fondation au prince Ulrich II de Ribeauvillé, appelé l'aîné, qui doit l'avoir construite, pour accomplir un vœu qu'il avait fait. La chapelle de S. Maximin n'est du reste pas le seul monument de la piété de ce prince. Vers la même époque, probablement en 1260, il fit ériger, avec son frère Henri, à Dusenbach, deux chapelles, dont les murs et les arcs se voient encore aujourd'hui, et qui étaient connues, l'une sous le nom de Tombeau-du-Christ, l'autre de Chapelle-de-Notre-Dame.

Depuis l'érection de la chapelle de Guémar, la maison seigneuriale de Ribeauvillé voua à S. Maximin un culte de famille. Jusqu'aux temps de la réforme, les princes et les princesses de

Ribeaupierre, accompagnés d'une suite nom-
breuse, venaient annuellement, en grande cé-
rémonie, faire leur pèlerinage à la chapelle de
S. Maximin. Deux de ces princes se firent un
honneur de porter le nom de ce saint ; ce furent
Maximin ou Smasmann Ier, prévôt d'Alsace, l'un
des hommes les plus distingués de son temps,
et Smasmann II, son fils ainé, le même à qui
l'on attribue à tort l'érection de la chapelle.
L'histoire de la chapelle elle-même nous mon-
tre comment cette erreur a pu se répandre
parmi le peuple. En 1483, le prince Smasmann II visita la Terre-Sainte et l'Egypte ; il
était accompagné de quatre autres seigneurs
alsaciens, parmi lesquels se trouvaient Caspar
Zorn de Bulach et Jean comte de Solms. A son
retour de ce voyage qu'il avait entrepris sous
la protection de S. Maximin, il fit peindre sur
les fenêtres de la chapelle, en signe de reconnaissance envers ce saint, ses armoiries ainsi
que celles des autres seigneurs, ses compa-
gnons de voyage. A la même occasion il fit
ajouter une petite nef à la chapelle qui consis-
tait, jusque-là, uniquement dans le chœur. De
là l'erreur qui lui attribue la construction de
la chapelle entière et la fondation du pèlerinage. Ce même Smasmann, qui mourut en

1517, fut l'un des plus grands bienfaiteurs de cette chapelle.

La dévotion envers S. Maximin ne resta pas circonscrite dans la maison princière de Ribeauvillé ; elle se répandit dans toute l'Alsace, et même dans les contrées avoisinantes, principalement en Lorraine. Le pèlerinage de Guémar jouissait, au moyen âge, d'une réputation non moins grande que celle du pèlerinage si poétique et si riche en grâces, de Dusenbach. Le vendredi était alors, comme aujourd'hui, le jour consacré à la dévotion de S. Maximin. La fête du saint (29 mai) et le mardi de Pentecôte étaient célébrés avec une grande pompe. Les archives de l'église de Guémar rendent témoignage du grand concours de pèlerins qui visitaient la chapelle, ces deux jours de fête. Les anciens comptes de la chapelle, que l'on possède encore, prouvent pareillement que les revenus, consistant presque exclusivement dans les offrandes, étaient alors bien plus considérables qu'ils ne le sont actuellement : car ils suffirent, en 1783, pour la reconstruction complète de la nef. A cette époque, la chapelle avait trois autels ; un maitre-autel et deux autels latéraux dédiés, le premier à S. Maximin, et les deux autres au saint Cœur de Jésus et à la Sainte-Famille.

Pendant la grande révolution, la fureur des ennemis de notre sainte religion qui bouleversèrent la France et la couvrirent de ruines, n'épargna pas plus la chapelle de S. Maximin que les autres monuments de la piété de nos ancêtres. Elle fut mise en vente ; quelques citoyens de Guémar l'achetèrent en commun, dans le but de la sauver de la destruction ; mais les impies qui, dans ces tristes temps, dominaient partout, n'eurent point de repos tant qu'elle ne fut pas rasée. Elle disparut donc au grand regret des habitants de Guémar qui, aujourd'hui encore, déplorent sa chute ; mais ils ont du moins la consolation de savoir que les auteurs de ce vandalisme n'appartenaient pas à leur commune. Cependant, ce qui avait été vénéré depuis tant de siècles, ce qui avait été sanctifié par tant de miracles et par la prière de tant de fidèles, ne devait pas rentrer complètement dans le néant. La vieille statue de S. Maximin put du moins échapper à la destruction générale ; elle fut tenue cachée pendant les années d'égarement de la France, et dès que des jours meilleurs revinrent pour notre patrie, la piété des habitants de Guémar sut lui rendre une place honorable.

Elle fut placée d'abord sur le maître-autel de

l'église paroissiale ; enfin, en 1807, on ajouta à cette même église une petite chapelle ornée d'un autel sur lequel on vénère depuis cette chère et belle statue.

Des deux côtés de cet autel se trouvent deux autres statues qui proviennent également de l'ancienne chapelle ; celle de droite représente S. Athanase, et l'autre, S. Paul, évêque de Constantinople. La Providence eut ainsi soin que les deux saints évêques qui, en union avec notre patron, avaient combattu si vaillamment la doctrine hérétique d'Arius, eussent aussi part au tribut de vénération que les pieux fidèles payent à S. Maximin.

LETTRES D'INDULGENCES.

Sa Sainteté le Pape Pie VI.

EN MÉMOIRE PERPÉTUELLE.

Comme Nous nous empressons toujours, poussé que Nous sommes par l'amour pour Jésus-Christ, de travailler à l'accroissement de la piété des fidèles et à leur salut, au moyen des trésors célestes qu'il a confiés à son Eglise, Nous accordons par Notre présente lettre, à perpétuité, une fois l'an, une indulgence plénière et la rémission de tous leurs péchés, à tous les fidèles des deux sexes qui, s'étant d'abord humblement confessés, et ayant reçu la sainte communion, visiteront ensuite, avec dévotion, l'église ou la chapelle publique de S. Maximin, appartenant à la paroisse de la ville de Guémar, du diocèse de Bâle (*), le jour de la fête de S. Maximin ou bien encore un autre jour déterminé par l'Ordinaire du lieu, à partir de la veille jusqu'au coucher du soleil de l'un ou de l'autre de ces deux jours, et qui y prieront dévotement pour la paix et la concorde des princes chrétiens régnants, pour l'extirpation des hérésies et pour l'exaltation de la sainte Eglise.

Nous accordons de même, d'après la coutume ordinaire de la sainte Eglise, sept années et sept quarantaines d'indulgence et la rémission de tous leurs péchés et de leurs peines

---

(*) Guémar faisait partie, à cette époque, du diocèse de Bâle.

temporelles, de quelque manière qu'ils les aient encourues, sans qu'il puisse être fait obstacle à cette concession, à tous les fidèles des deux sexes qui, après la bonne réception du saint sacrement de la pénitence et du très-saint sacrement de l'autel, visiteront avec recueillement, comme il vient d'être dit plus haut, ladite chapelle de S. Maximin, une fois l'an et à un jour quelconque, à leur convenance, et qui y prieront à l'intention sus-mentionnée.

Donné à Rome, de Saint-Pierre, sous le sceau de l'anneau du pêcheur, le 18 mai 1776, la seconde année de notre pontificat.

Ordonnance épiscopale.

Après avoir pris connaissance de la présente lettre d'indulgences et l'avoir reconnue pour vraie et authentique, Nous permettons que, quant à sa teneur, elle soit lue publiquement dans la paroisse de Guémar et Nous fixons le mardi de la Pentecôte comme le jour déter-miné par l'Ordinaire, pour gagner une seconde fois dans l'année, l'indulgence plénière dans la chapelle de S. Maximin.

Donné à Potrentruy, en notre résidence, le 27 février 1777.

Signé : CARDY,

Próv. gén. et off.

En 1835, M. le curé de Guémar adressa une demande à Sa Sainteté le pape Grégoire XVI, pour obténir le renouvellement de ces indulgences. Ce renouvellement était nécessaire, parce que la lettre d'indulgences qu'on vient de lire n'avait été accordée que pour les pèlerins qui visiteraient la chapelle située entre Guémar et Bergheim ; or, depuis cette époque, la chapelle a été détruite et le pèlerinage transféré à l'église paroissiale. Pour régulariser ce nouvel état de choses, il fallait demander au Saint-Père des indulgences pour le pèlerinage transféré. Le pape Grégoire XVI confirma la première lettre d'indulgences par une lettre du 2 avril 1835, et fixa encore trois autres jours pour le gain d'une indulgence plénière, savoir : le 4ᵉ, le 5ᵉ et le 6ᵉ dimanche après la Pentecôte. La permission de publier cette nouvelle lettre fut également accordée par Mgr l'évêque de Strasbourg.

AVIS.

En vertu de ces lettres d'indulgences papal
et de ces permissions épiscopales, chaque fidè
peut gagner, dans l'église paroissiale de Gu
mar, les indulgences suivantes :

1º Une indulgence plénière, le jour de la fê
de S. Maximin (29 mai).

2º Une indulgence plénière le mardi de
Pentecôte.

3º Une indulgence plénière le 4ᵉ, le 5ᵉ et
6ᵉ dimanche après la Pentecôte.

4º Sept années et sept quarantaines d'indu
gences, à un autre jour de l'année que l'on pe
choisir à volonté.